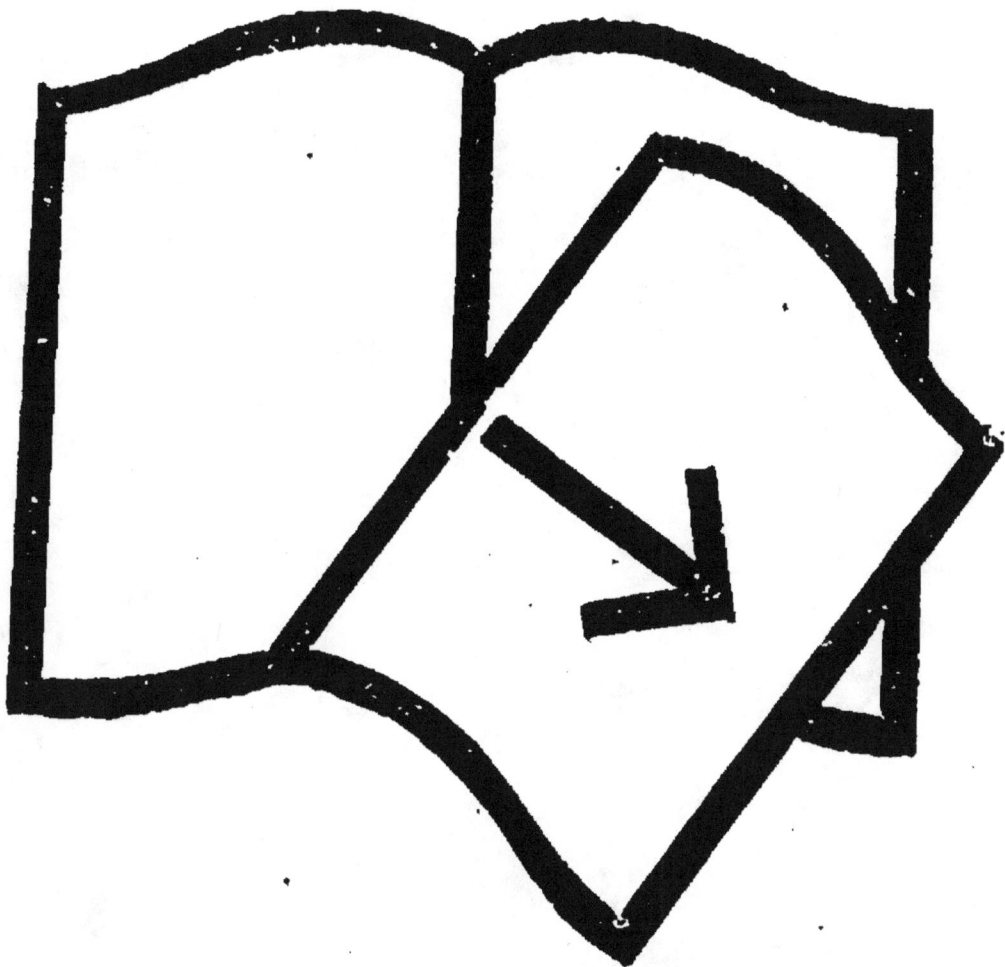

Couvertures supérieure et inférieure
manquantes

A M. LE MAIRE

ET

A MM. LES MEMBRES DU CONSEIL MUNICIPAL

DE LA VILLE DE MARSEILLE

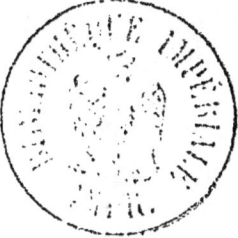

Les propriétaires des quartiers de la Belle-de-Mai, Bon-Secours, Gibbe, le Canet et St-Barthélemy se sont émus d'un projet qui aurait pour but d'établir un cimetière dans la propriété que M. Edouard Rey offre à la Ville pour cette destination. Ils vous ont présenté des observations importantes et sérieuses qui à elles seules suffiront, je l'espère, pour vous décider à ne pas adopter ce projet.

Vous ne trouverez cependant pas extraordinaire que celui des voisins de M. Rey, qui se regarde comme le plus intéressé à repousser cet établissement, celui qui éprouverait, en effet, un immense préjudice si les propositions de ce propriétaire étaient accueillies, vienne personnellement soumettre à votre appréciation quelques uns des motifs qui, soit au point de vue des intérêts généraux, soit pour ce qui concerne son intérêt particulier doivent vous faire rejeter les propositions sur lesquelles vous allez être appelés à délibérer.

L'établissement d'un cimetière est une des questions les
plus importantes, les plus difficiles qui puissent être soumises
à votre appréciation. C'est là une création essentiellement
dommageable. Quelque soit le quartier qui fixe votre choix ,
quelle que soit la localité qui aura le malheur d'être affectée
à cette lugubre destination, il y aura toujours des intérêts im-
portants qui seront lésés, souvent même votre décision amè-
nera la ruine d'une ou de plusieurs familles. Ce n'est donc
qu'avec une prudence bien grande, qu'après avoir pesé dans
vos consciences toutes les conséquences de votre décision, que
vous devez prendre une détermination.

Pour grever un quartier d'une pareille servitude, il faut
un intérêt public de première nécessité, impérieux , inévitable. Il faut qu'on puisse dire avec vérité et justice *salus populi suprema lex esto.*

C'est ainsi que dans de cruelles circonstances, et lorsqu'il
n'était plus possible d'éviter cette dure nécessité, fut créé le
cimetière St-Pierre, celui de St-Charles étant de toute évi-
dence insuffisant pour le présent et pour l'avenir.

Vous savez le discrédit jeté sur ce malheureux quartier ,
vous n'ignorez point les désastreuses conséquences qui ont
suivi cet établissement. C'est là un fait accompli sur lequel
il est impossible de revenir et qui était inévitable.

La ville de Marseille se trouve-t-elle aujourd'hui dans une
position semblable à celle qui avait motivé la création du
cimetière St-Pierre? L'Administration municipale est-elle sous
le coup de ces impérieuses pressions qui exigent les plus
douloureux sacrifices pour faire face à un de ces services
publics au fonctionnement desquels rien ne saurait mettre
obstacle?

Bien évidemment et bien heureusement non. Par des acquisitions successives le cimetière St-Pierre possède aujourd'hui
une étendue considérable de terrains affectés aux inhumations. Ces terrains peuvent pendant un très-grand nombre
d'années suffire à tous les besoins de ce triste service, quelles

que soient les circonstances qui se présentent et dut la population de Marseille s'élever encore à un chiffre bien considérable. Et si, contrairement à tout calcul, à toute prévision, ces terrains si étendus pouvaient devenir insuffisants, il serait très-facile à en augmenter encore la surface par de nouvelles acquisitions de propriétés toujours offertes par les malheureux voisins.

Il n'existe donc en ce moment et il ne saurait exister de longtemps de nécessité réelle de créer un nouveau cimetière à Marseille.

Pourquoi alors, sans nécessité, faire naître des embarras si grands? Pourquoi jeter le trouble et la ruine dans un grand nombre de familles? Pourquoi porter la tristesse et la désolation dans un autre quartier de cette banlieue de Marseille, si restreinte, si morcelée, si nécessaire au bien-être de la population ?

Vous ne voudriez arriver à un pareil résultat que s'il vous était démontré qu'il ne peut en être autrement, que l'établissement projeté est d'une irrésistible et absolue nécessité.

Mais vous ne voudrez pas faire tant de mal pour répondre à de simples questions de commodité, de convenances, de sentiments très-respectables sans doute, dont les avantages ne sauraient cependant être mis en parallèle avec les dangers de toute nature que ferait naître ce nouvel établissement.

Le Conseil Municipal, en décidant la création d'un cimetière au nord de la Ville, a voulu, sans doute, obtenir les résultats suivants :

Rendre plus commode pour une partie des paroisses de la Ville le parcours de l'Église au champ du repos. Eviter aux habitants des quartiers au nord l'obligation de traverser toute la Ville pour accompagner à leur dernière demeure les membres de leurs familles qu'ils auraient le malheur de perdre. Diminuer, pour certains quartiers, pour certaines rues, le triste spectacle d'une suite continuelle et presque non interrompue de convois funèbres. Et enfin, assure-t-on, parceque le cimetière St-Pierre est antipathique à certaines personnes et que d'honorables familles de Marseille ne peuvent se résoudre à transporter à ce champ des morts les restes vénérés de ceux qui ont été enlevés à leur affection.

Ce sont là sans doute des causes qui devraient être considérées comme décisives s'il s'agissait de la création d'un établissement ordinaire, inoffensif, ne devant apporter aucun trouble, aucune dépréciation, aucun mal dans un quartier nouveau. Mais quand il s'agit d'un cimetière, ces motifs sont-ils suffisants pour qu'un dommage considérable soit ainsi causé à une foule d'habitants de la Cité, pour jeter la ruine et la désolation dans un quartier nouveau? Est-ce bien là cette impérieuse nécessité, ce *salus populi* qui est indispensable pour légitimer de si grands maux?

En présentant ces observations nous ne saurions être retenu par la crainte de contrarier les décisions que vous avez prises. Elles s'adressent aux représentants de la Cité, c'est-à-dire à des hommes indépendants, probes et éclairés pour lesquels il n'est jamais trop tard de se rétracter, lorsque par l'opinion publique ou par tout autre voie il leur est démontré qu'il y aurait mieux à faire. Aussi nous avons la conviction qu'elles seront accueillies avec bienveillance et examinées avec l'attention que mérite un pareil sujet, sans arrière-pensée, sans se laisser influencer par des décisions antérieures et avec le seul désir qui les ont dictées, celui de sauvegarder un intérêt public tout en ménageant les intérêts privés.

Arrivant maintenant à un autre point de vue de la question, en supposant que vous pensiez qu'il y a nécessité réelle de créer un cimetière au nord de la Ville, vous me permettrez de vous soumettre aussi à cet égard quelques observations.

Au moins faut-il, dans ce cas, que les projets qui vous sont présentés, que les propriétés qui vous sont offertes puissent remplir le but que vous avez voulu atteindre.

Un cimetière créé dans les quartiers de la Belle-de-Mai, de

de St-Barthélemy ou du Canet ne saurait rendre plus commode pour une partie quelconque des paroisses de la Ville le parcours de l'Église au lieu de la sépulture et cela parce que ce ne serait point un cimetière au nord, mais bien à l'est, à peu près dans la même position que celui de St-Pierre dont il ne serait séparé que par le quartier des Chartreux et de St-Barnabé, c'est-à-dire par une étroite zône de la banlieue.

En examinant avec beaucoup de soins la topographie de cette banlieue, les centres de population qui environnent la Ville et la Ville elle-même, eu égard à ces quartiers, nous rencontrons seulement deux paroisses privées de cimetière qui puissent trouver un parcours moins long dans l'établissement projeté que celui qu'ils ont à faire pour se rendre au cimetière de St-Pierre, et cela qu'elle que soit celles des propriétés qui soit choisie dans les quartiers que nous venons d'indiquer.

Ces deux paroisses sont : l'une, celle de St-Charles extrà-muros ou mieux *La Belle-de-Mai* dont la population, composée, il est vrai, de près de 20 mille habitants, repousse avec une grande énergie le funeste présent qu'on voudrait lui faire, elle comprend que pour une simple abréviation de parcours pour ses convois funèbres, elle verrait immédiatement sa prospérité décroître, comme au chemin de St-Pierre, son développement extraordinaire s'arrêter et sa population si prodigieusement augmentée dans un court espace de temps, revenir à ses anciennes proportions par une décroissance aussi rapide.

L'autre, celle de St-Barthélemy, a, en effet, un parcours bien long pour se rendre au cimetière de St-Pierre, mais sa population est bien minime, malgré l'augmentation qu'y apporte la maison de St-Jean-de-Dieu. Et il serait bien facile de donner satisfaction aux convenances de cette paroisse en créant un petit cimetière spécial, comme il en existe déjà dans les paroisses voisines et dans presque toutes celles de la banlieue, sans que personne ait à se plaindre de ce voisinage.

A part la paroisse de St Barthélemy, il n'y aurait donc aucun avantage dans la création du cimetière projeté dans ce quartier.

Mais au moins éviterait-on aux habitants des quartiers au nord la nécessité de traverser toute la ville pour leurs convois funèbres.

Il pourrait sous ce point de vue y avoir peut-être une faible différence pour deux paroisses de la Ville, St-Lazare et les Grands-Carmes.

Mais ce léger avantage pour ces deux paroisses peut-il peser dans la balance de votre appréciation en faveur du nouveau cimetière projeté; lorsque les seize autres paroisses devront continuer leur parcours ordinaire vers le cimetière St-Pierre, ou suivre ce même parcours jusques à la place des Réformés pour se jeter de là dans les voies impraticables dont nous aurons bientôt à vous entretenir. Vos intentions ne seraient donc pas plus satisfaites sous ce second rapport.

Vous n'atteindriez pas davantage le 3me motif que nous indiquions ci-dessus, celui de rendre pour certaines rues, pour certains quartiers, moins fréquent le passage des convois funèbres. Puisque sauf deux paroisses, toutes les autres continueraient à monter par les allées de Meilhan ou des Capucines, et que la presque totalité aurait plus de facilité à se rendre au cimetière St-Pierre qu'à celui qui serait créé dans les quartiers dont il s'agit.

Le dernier motif tiré de l'antipathie de certaines familles pour le cimetière de St-Pierre est fort respectable sans doute. mais il ne saurait être suffisant pour ne pas reculer devant le préjudice immense causé à plusieurs quartiers nouveaux; mieux vaudrait cent fois, pour ce cas, rouvrir le cimetière St-Charles qui donnerait bien plus de satisfaction à de pareils sentiments.

Il est donc bien vrai que sous aucun rapport les projets qui vous sont soumis dans les quartiers de la Belle-de-Mai,

de St-Barthélemy et du Canet ne sauraient répondre aux intentions que nous supposons avoir amené votre décision relative
à la création d'un cimetière au nord.

Il ne nous appartient pas de vous dire où devrait être
placé ce cimetière pour être réellement utile et pour remplir le but que vous vous êtes proposé, il nous suffit de vous
avoir démontré que les quartiers dont il est question, ne
sauraient sous aucun rapport attirer votre attention et fixer
votre choix, que pour obtenir un résultat présentant quelque
caractère d'utilité vous auriez à vous éloigner davantage
de celui de St-Pierre, qu'enfin un cimetière ne peut être con-
venablement placé tout à côté de terrains destinés à devenir
des terrains à bâtir parce que ce serait les frapper immédiatement d'inaliénation par suite de la défense qui leur serait
immédiatement faite d'y élever toute construction. Mais qu'il
est nécessaire de s'éloigner de ces quartiers pour ne grever
de cette servitude que des terrains propres à la culture ou à
d'autres destinations.

J'arrive maintenant au projet spécial pour l'établissement
du cimetière dans la propriété Rey.

Avant de prendre une détermination vous n'aurez pas man-
qué de visiter cette propriété, et j'espère, que comme moi,
vous n'hésiterez pas à dire que ce local est le plus impropre
qu'il soit possible de trouver pour une pareille destination et
que, bien assurément, sans l'insistance du propriétaire, il ne
serait jamais venu à la pensée de personne qu'un pareil
terrain put être choisi pour une destination de cette nature.

Sa position d'abord.

La propriété de M. Rey se compose en partie d'un plateau
élevé qui jouit d'un admirable coup-d'œil aux quatre points
cardinaux : A l'ouest la mer, les nouveaux ports, tous les
terrains de l'ancien Lazaret et ceux conquis sur la mer. A
l'est, la grande voie du chemin de fer de Lyon à la Médi-
terranée ; les quartiers de Ste-Marthe, St-Barthélemy ; au
sud, ce dernier quartier, celui de la Belle-de-Mai, les hau-

teurs de St-Charles ; enfin au nord , le Canet, les Crottes , St-Louis, les Aygalades. Elle domine tous ces quartiers, c'est un immense et magnifique panorama.

Mais cet avantage si grand, si précieux pour une propriété particulière, devient un des obstacles les plus invincibles pour l'établissement d'un cimetière. Ce lieu de repos, de tristesse, de funèbres souvenirs, ne doit point répandre au loin son lugubre spectacle.

La famille éplorée vient verser des larmes sur la tombe solitaire et cachée d'un de ses membres enlevé à ses plus chères affections ; mais le Marseillais répandu dans toutes les parties de la banlieue, où il vient chercher les distractions, la joie et le repos, ne peut avoir constamment sous ses yeux l'aspect des tombes et des ornements funèbres qui l'entourent ; mais le voyageur arrivant dans notre cité, ou quittant nos parages, soit par terre, soit par mer, ne doit pas porter son premier comme son dernier regard sur ce lugubre paysage.

Autour du plateau dont nous venons de parler, et de chaque côté, sont des pentes rapides et abruptes, se dirigeant vers des propriétés particulières. Au nord, c'est un centre de population composé d'une vingtaine de maisons réunies, dont quelques-unes touchent au mur de clôture de la propriété Rey, et ne se trouvent par conséquent pas à la distance de 35 à 40 mètres des habitations agglomérées, prescrite par le décret du 23 prairial, an XII, et qu'une décision du conseil d'Etat du 20 janvier 1863, a reconnu obligatoire *si peu importante que fut l'agglomération.*

A l'ouest, se trouve la propriété du soussigné, attenant à celle de M, Rey, sur une limite de 250 mètres environ. Cette propriété est elle-même l'aboutissant de plusieurs rues et boulevards, destinés à la traverser pour arriver jusqu'à celle de M. Rey. Elle est d'une contenance de 120 mille mètres environ. La pente de la propriété de M. Rey qui est excessivement rapide, dirige vers elle toutes les eaux pluviales et

naturelles, comme elle les dirige aussi vers le centre de population qui est au nord et sur toutes les propriétés qui les
avoisinent. Au sud, M. Clappier dont la maison d'habitation
est tout au plus à 20 mètres de la limite de M. Rey, M. Cail-
lol-Mouren ; à l'est, les sœurs du Saint-Nom-de-Jésus, et
Mlle Jouvin, et au nord, M. de Marin et M. Tournatory qui
se trouve en contrebas du plateau de M. Rey, placé presque à
pic au-dessus à une très-grande hauteur.

Pourriez-vous penser, messieurs, qu'une pareille situation
soit tolérable pour les malheureux propriétaires d'un pareil
voisinage ainsi placé? Croiriez-vous qu'il put être imposé à
ces infortunés l'obligation de recevoir des eaux imprégnées de
tous les sucs qui sortiraient de ce champ de pourriture et de
corruption? Que tout spécialement le soussigné qui a au pied
de la propriété de M. Rey une source limpide et abondante,
servant aux besoins domestiques de ses fermiers, et dans une
autre partie de sa propriété, une autre source aussi renom-
mée par sa grande abondance que par sa fraîcheur et sa clarté,
servant à diverses exploitations, ne put plus fournir pour
les fermiers et les nombreux ouvriers qu'ils emploient,
comme pour le propre usage du propriétaire et de sa famille
qu'une eau corrompue ou tout au moins rejetée avec dégout
quelle que fut son apparente limpidité. La loi elle-même n'a-
t-elle pas reconnue l'insalubrité de pareilles eaux puisqu'elle
a défendu de creuser des puits à moins de 100 mètres des
cimetières. Vous ne le permettrez pas, messieurs, pas plus
que vous ne permettrez que sans une nécessité absolue, et
pour satisfaire a de simples facilités de parcours, les 120,000
mètres de terrain du soussigné, destinés à être traversés par
des voies toutes exécutées déjà, perdent toute leur valeur et
l'avenir brillant qui s'ouvrent devant eux. Que sur cette étendue de terrain ainsi destinée à recevoir des constructions

45,000 mètres carrés (1) au moins soient frappés de l'interdiction de bâtir en vertu du décret du 7 mars 1808.

Et cet avenir de prospérité doit il être regardé comme chimérique ou comme enfanté par la seule imagination des propriétaires? Mais, qui ne sait à Marseille que c'est dans ces quartiers voisins des ports et des grands établissements maritimes que se porte toute l'industrie marseillaise, destinée à couvrir de ses feux et de ses machines tous les alentours. Et c'est là que pourrait être implanté un de ces établissements néfastes qui comme le disait un journal de la localité doit faire fuir toute industrie et tous les industriels? Et c'est là, sur des terrains destinés à être couverts de constructions qu'on ferait naître cette terrible servitude créée par le décret précité du 7 mars 1808, portant prohibition de construire aucune habition à moins de 100 mètres des nouveaux cimetières transférés hors des communes. Oh non ! vous ne le permettrez pas, lors même que les motifs que nous venons de vous signaler seraient les seuls qui devraient peser dans la balance de vos délibérations, parce que vous, les représentants de la cité, chargés de la défense de ses intérêts présents et à venir, vous ne voudriez pas les compromettre par l'adoption d'un pareil projet.

Voyons maintenant par quelles voies on peut arriver à la propriété de M. Rey.

Si on veut faire du local projeté un cimetière devant servir aux inhumations des paroisses de la ville, deux voies se présentent : l'une par les Allées, Longchamp, le boulevard National, y compris le tunnel sous la gare du chemin de fer ; l'autre par la rue d'Aix, l'Arc-de-Triomphe et Saint-Lazare pour entrer de là dans le chemin de Sainte-Marthe ou dans

(1) Ce chiffre n'est pas exagéré, 250 mètres de contact multipliés par 100 donnent déjà 25,000 mètres. Les rayons obliques qui partent de ces points de contacts immédiats peuvent être évalués à 20,000 mètres. — Total : 45,000 mètres.

celui du Canet, en se dirigeant d'une part vers la chapelle de Notre-Dame-de-Bon-Secours, et de l'autre par le chemin de Gibbe.

La première de ces voies serait impraticable pour les convois. Qui ne connait l'encombrement du boulevard National dans tous son parcours, mais plus spécialement sous le tunnel? Là se trouve chaque jour une file de charrettes attendant son introduction dans la gare de départ, par la rue Guibal; ce passage, déjà si difficile, si dangereux, deviendrait impraticable.

Mais quand, soit du Grand chemin d'Aix, soit du boulevard National, on se dirigerait vers cette traverse si étroite, si rapide de Bon-Secours est-il possible d'espérer qu'on pourrait sans danger et sans de grandes fatigues arriver au champ funèbre.

Il est vrai qu'il est une autre voie indiquée, c'est le chemin de Gibbe dont le nom seul fait comprendre l'irrégularité et qui serait plus impraticable encore que le premier.

Il est vrai aussi qu'on espère contourner la place et arriver par le chemin de Ste-Marthe en acquérant la propriété Tournatory écrasée par le plateau Rey.

Mais on n'a pas réfléchi que cet accès doublerait la distance et que d'ailleurs il devrait encore échapper à la propriété Rey, puisque la propriété Tournatory n'arrive pas jusque sur le chemin de Ste-Marthe et qu'il faut aussi passer par une traverse des plus étroites pour l'atteindre et que cette traverse est la propriété particulière de plusieurs propriétaires et n'est point un chemin public.

Ainsi quelle que soit la voie adoptée, de graves difficultés, presque insurmontables se présentent pour gravir ce plateau inabordable.

Un mot sur la nature du terrain.

On nous assure que les sondes pratiquées auraient établi que le terrain est propre à la destination qu'on veut lui donner. Qu'il nous soit permis de douter d'un pareil résultat;

lorsque partout surgissent des rochers qui indiquent la présence d'argiles compactes complètement impropres aux inhumations.

Nous n'avons pas à insister sur ce point bien important toutefois, parceque nous n'avons à cet égard que des données incertaines et parce que aussi nous avons la conviction que vous voudrez vous entourer de toutes les précautions nécessaires pour vous assurer de la véritable nature du terrain dont vous apprécierez vous même la convenance.

Mais supposons-le un moment reconnu convenable, faudra-t-il bien donner à ce terrain si tourmenté, si bouleversé une forme qui sans présenter un nivellement absolu, n'offre cependant plus ces accidents de terrains si brusques, ces pentes si abruptes qui par des temps d'orages et malgré toutes les précautions, emporteront chez les infortunés voisins de si tristes épaves.

A-t-on bien réfléchi aux difficultés de toute nature que présenteraient de pareils travaux et aux dépenses considérables qui en seraient la conséquence?

Et si on ajoute aux sommes nécessaires pour cet objet toutes celles qu'il faudrait dépenser pour arriver à ce plateau inaccessible, pour créer des voies dont l'établissemert ferait naître à chaque instant des difficultés morales et matérielles, on est effrayé des dépenses auxquelles s'exposerait la Commune pour atteindre un but d'aussi peu d'importance tout en portant de graves atteintes à des intérêts particuliers considérables, sans satisfaire un intérêt public.

Il est vrai, qu'on assure que M. Rey offre de céder sa propriété à un prix inférieur à ceux de ses concurrents.

Heureusement que le Conseil Municipal est composé d'hommes trop éclairés pour se laisser prendre à de pareils semblans d'économie et qu'il comprendra facilement que ce serait là un bon marché qui reviendrait bien cher.

Permettez-nous de vous signaler encore un fait qui a son importance : la propriété de M. Rey est traversée par une rigole syndicale du canal qu'il n'est pas possible de détourner parce que l'eau doit être maintenue à ce niveau élevé et seul existant pour arriver, soit comme eau continue , soit comme eau d'arrosage, chez les propriétaires qui la reçoivent et qui auraient de graves raisons pour la refuser si elle devait traverser un pareil local.

Nous ne pousserons pas plus loin ces observations déjà trop longues peut-être, quoique nous n'ayons pas pu tout dire, vos lumières suppléeront à l'imperfection de ce travail.

Vous reconnaîtrez donc Messieurs ,

Qu'il faut une impérieuse nécessité de premier ordre , le *salus populi* pour créer dans un quartier nouveau un cimetière et déprécier par cet établissement toutes les propriétés voisines.

Et que cette nécessité n'existe pas.

Que vous pouvez faire droit aux justes réclamations de la paroisse St-Barthélemy et de l'hospice de St-Jean-de-Dieu en créant un cimetière restreint comme ceux qui existent dans les autres paroisses de la banlieue, ou en dirigeant les inhumations de cette petite paroisse vers celui de Ste-Marthe qui en est rapproché.

Qu'un cimetière nouveau placé à l'est comme l'est celui de St-Pierre ne remplirait pas le but que s'est proposé le Conseil Municipal en décidant la création d'un cimetière nouveau au nord.

Que, dans son ensemble, la propriété de M. Rey est trop rapprochée de la Ville , parce qu'elle est déjà entourée de nombreuses habitations agglomérées qui tendent chaque jour à augmenter, qu'elle est en même temps trop éloignée parce que, pour y arriver, il faudra faire plus de chemin que pour aller à celui de St-Pierre et par des voies difficiles qui ne pourraient jamais être complètement améliorées tout en y dépensant des sommes considérables. Que par sa position élevée en vue de la mer et d'une grande partie du territoire, par ses pentes abruptes, dirigeant ses eaux vers les propriétés inférieures, par ses difficultés d'accès, par les irrégularités de sa forme, par les dépenses considérables qui seraient la conséquence de l'établissement projeté, enfin par l'absence des avantages que devrait procurer un cimetière au nord de la Ville. Cette propriété est réellement impropre à la destination qu'on voudrait lui donner.

En rejetant ainsi ce projet qui ne saurait donner satisfaction à aucun des intérêts publics que vous avez mission de protéger, vous éviterez un préjudice immense, une véritable ruine à un grand nombre de familles. Et en fesant droit aux réclamations de tous les habitants des nombreux quartiers qui auraient à souffrir et tout spécialement à celles particulières du soussigné, vous accomplirez un acte de haute justice dont tous conserveront le souvenir.

GUIGOU, propriétaire,

Membre du Conseil Général des Bouches-du-Rhône.

Marseille. — Imprimerie Joseph CLAPPIER, rue Saint-Ferréol, 27.

www.ingramcontent.com/pod-product-compliance
Lightning Source LLC
Chambersburg PA
CBHW060721280326
41933CB00013B/2517